God's Wonderful Word

ゴッズ・ワンダフル・ワード

レタリングとぬり絵で楽しむ聖書の世界

エマ・シーガル　画
日本聖書協会　　文

ゴッズ・ワンダフル・ワード
レタリングとぬり絵で楽しむ聖書の世界

エマ・シーガル　画
日本聖書協会　　文

日本語版著作権　©日本聖書協会 2019
『聖書 聖書協会共同訳』©日本聖書協会 2018

Originally published under the title: "God's Wonderful Word" by Copenhagen Publishing House, Denmark.

2019年11月1日発行
ISBN978-4-8202-9269-2
JBS-ed.1-2,000-2020

発行：一般財団法人 日本聖書協会
東京都中央区銀座4-5-1
電話：03-3567-1987
http://www.bible.or.jp/

Printed in China

乱丁本・落丁本はお取り替えいたします。
レタリングシート用ポケット開封後の返品・交換はお受けできません。

この本の使いかた

白いページはぬり絵を楽しんでいただくページです。
レタリングシートは、ぬり絵のページ・イラストのページいずれにも使えます。
レタリングシートのイラストは、本の各ページのイラストに対応しています。
鉛筆や割りばしなどでレタリングシートをこすり、本のページにイラストを転写します。

——— レタリングシートについてのご注意 ———

★ シートを置くだけでイラストがページにつくことがあります。十分ご注意ください。
★ シートは乾燥を防ぐためにジッパーつき袋などに密閉し、お早めにお使いください。
　長期にわたって使用しないと、劣化して使えなくなることがあります。
★ シートを使わない時は、汚れやほこりがつかないよう、台紙に置き直してください。

- レタリングシートをポケットから取り出し、白い台紙から外します。
  各シートを点線で2枚に切り離します。

- 写したいイラストを本のページの好きな場所に置きます。

- シートの上からイラストをこすります。
  隣のイラストに触らないようご注意ください。
  写したいイラストだけをはさみで切り離すとよいでしょう。

- 転写ができたら、シートを丁寧に外します。

すべての造り主

主よ、あなたの業はいかに豊かなことか。
あなたは知恵によってすべてを造られた。
地はあなたの造られたもので満ちている。

詩編 104:24

万物は言(ことば)によって成った。
言によらずに成ったものは何一つなかった。

ヨハネによる福音書 1:3

賛 美

天は喜べ。地は喜び躍れ。
海とそこに満ちるものは、とどろけ。
野とそこにあるものも皆、喜び勇め。
森のすべての木々も、喜び歌え
　　　　　詩編 96:11-12

天と地、海とその中にうごめくものすべてが
主を賛美しますように。
　　　　　詩編 69:35

あなたの言葉

草は枯れ、花はしぼむ。
しかし、私たちの神の言葉はとこしえに立つ。
イザヤ書 40:8

幸いな者
悪しき者の謀(はかりごと)に歩まず
罪人の道に立たず
嘲る者の座に着かない人。
主の教えを喜びとし
その教えを昼も夜も唱える人。
その人は流れのほとりに植えられた木のよう。
時に適って実を結び、葉も枯れることがない。
その行いはすべて栄える。
詩編 1:1-3

私の助け

私は山々に向かって目を上げる。
私の助けはどこから来るのか。
私の助けは主のもとから
天と地を造られた方のもとから。
　　　　　　　　詩編 121:1-2

しかし、主を待ち望む者は新たな力を得
鷲のように翼を広げて舞い上がる。
走っても弱ることがなく
歩いても疲れることはない。
　　　　　　　　イザヤ書 40:31

私の慰め

主は私の羊飼い。
私は乏しいことがない。
主は私を緑の野に伏させ
憩いの汀に伴われる。
主は私の魂を生き返らせ
御名にふさわしく、正しい道へと導かれる。

たとえ死の陰の谷を歩むとも
私は災いを恐れない。
あなたは私と共におられ
あなたの鞭と杖が私を慰める。

詩編 23:1-4

すべて重荷を負って苦労している者は、
私のもとに来なさい。
あなたがたを休ませてあげよう。

マタイによる福音書 11:28

イエスさま

私はぶどうの木、あなたがたはその枝である。
人が私につながっており、私もその人につながっていれば、
その人は豊かに実を結ぶ。
私を離れては、あなたがたは何もできないからである。
ヨハネによる福音書 15:5

私を強めてくださる方のお陰で、
私にはすべてが可能です。
フィリピの信徒への手紙 4:13

私の羊飼い

私は良い羊飼いである。私は自分の羊を知っており、
羊も私を知っている。それは、父が私を知っておられ、
私が父を知っているのと同じである。
私は羊のために命を捨てる。

ヨハネによる福音書 10:14-15

私たちは皆、羊の群れのようにさまよい
それぞれ自らの道に向かって行った。
その私たちすべての過ちを
主は彼に負わせられた。

イザヤ書 53:6